ÉLOGE

DE

BLAISE PASCAL.

NANTES,

IMPRIMERIE DE VICTOR MANGIN.

ÉLOGE

DE

BLAISE PASCAL,

PAR

J. B. Dufay de Livoys,

MEMBRE DE LA SOCIÉTÉ ACADÉMIQUE DU DÉPARTEMENT DE LA LOIRE-INFÉRIEURE.

*Ostendent terris hunc tantùm
fata, neque ultrà esse sinent.*
(VIRG. AENEID. LIB. 6.)

NANTES,

CHEZ BOISSEL, LIBRAIRE, COURS SAINT-PIERRE;

PARIS,

CHEZ MÉQUIGNON FILS AÎNÉ, LIBRAIRE, RUE SAINT-SÉVERIN, Nº II.

1819.

ÉLOGE

DE

BLAISE PASCAL.

La nature, oubliant cette loi des compensations
dont elle s'écarte rarement dans la distribution
de ses faveurs, produit quelquefois des hommes
sur lesquels elle se plaît à verser tous les dons,
sans garder sa mesure ordinaire ; des hommes
nés pour étonner le Monde, et dont la sphère
ne connaît aucune borne ; mais elle est avare
de pareils phénomènes, semble ne les montrer
qu'à regret, et met entre eux de longues années
d'intervalle.

(1) Ouvrons l'Histoire : dans les douze premiers siècles de l'Ère Chrétienne, quel vuide
immense ! quelle vaine philosophie de mots !
que d'efforts impuissants de la vanité pour pallier
l'ignorance ! quelques éclairs brillent ensuite dans
cette nuit profonde. (2) Roger Bacon, le premier,

appliqué les calculs mathématiques aux vérités d'expérience, et jette le germe heureux des découvertes qui devaient se faire après lui. (3) Copernic, ne trouvant dans le système de Ptolémée (4) qu'invraisemblance et confusion, renouvelle l'opinion de Philolaé, et rend au Soleil les droits qu'avaient trop long-temps usurpés la Terre. (5) Tycho-Brahé, d'une des plus illustres maisons du Danemarck, ne croit pas que la noblesse soit un titre à l'ignorance, se consacre à l'étude et enrichit l'Astronomie de vingt années d'observations. (6) Arrive enfin ce Descartes, si justement célèbre; s'éclairant par le doute, et posant pour principe de ne regarder comme vrai que ce qui est évident, il trace, à l'aide d'une méthode aussi simple que sûre, une route nouvelle et facile, et prouve, par ses erreurs mêmes, combien il était au-dessus de son siècle. Dans la carrière qu'il a ouverte entrent après lui une foule de savants distingués, qui s'y disputent la palme des connaissances humaines. (7) Le grand Newton paraît à son tour, s'élance dans les cieux, arrache à la vérité son flambeau divin, et revient éclairer la terre. Entre Descartes et Newton, je vois s'élever un homme plus extraordinaire encore, un génie aussi hardi que Descartes, mais qui sait mieux modérer son essor; un génie sublime comme Newton, et dont la vaste sphère embrasse tout; un écrivain aussi éloquent que Bossuet, et qui, descendant sans rien perdre de sa force, critique et plaisante avec autant de finesse et avec plus de grace que Boileau (*); un esprit enfin, d'une trempe particulière, fait pour tout inventer, et qui trouve, dans ses propres ressources, ce que les autres ne doivent qu'à des études longues et à de fatigantes recherches; cet homme étonnant est *Pascal*. Né au commencement du grand siècle qu'il eut la gloire d'ouvrir, il en a été un des plus brillants ornements. Le ciel ne présente quelquefois les beaux génies que comme ces météores enflammés qui ne jettent dans l'atmosphère une lumière si vive, que pour s'éteindre presque aussitôt. *Pascal* en est l'exemple le plus frappant; mais, dans la courte carrière qu'il a parcourue avec tant d'éclat, il n'a perdu aucun des moments qui lui furent accordés, et il a montré jusqu'où peut s'élever l'esprit humain.

Jamais sujet plus riche ne s'offrit à l'orateur. Il faut, dans un seul éloge, faire celui de trois hommes différents : du *savant* qui a étendu la sphère des sciences exactes; du *littérateur* qui a fixé une langue peu formée avant lui; du *moraliste* qui a été un des plus fermes soutiens de la vérité. Que n'ai-je la plume éloquente de Thomas (8) ou le sage pinceau de Fontenelle (9), ou plutôt que ne puis-je réunir les talents opposés de ces deux écrivains célèbres! Les taches légères qu'on peut leur reprocher s'effaceraient

---

(*) *Pascal*, le premier des Satiriques, car Boileau n'est que le second, a dit Voltaire.

en se confondant. Il faudrait joindre à la marche imposante, aux richesses du premier, la retenue modeste, la finesse et les graces du second. Pour moi, si éloigné de l'un et de l'autre, moi qui devrais être arrêté par le sentiment même de ma faiblesse, si j'ose aujourd'hui m'élancer sur leurs traces, je n'ai qu'une excuse, c'est mon admiration pour celui que je veux célébrer.

(10) *Pascal* naquit à Clermont, en 1623, d'une famille qui occupait, dans l'Auvergne, des places distinguées, et qui était encore plus recommandable par les vertus que par la naissance. Les grands hommes, dès l'enfance, annoncent ce qu'ils seront un jour. A neuf ans, (11) Clairaut se faisait un jeu de la solution des problêmes les plus difficiles. (12) Gassendi, dans un âge encore plus tendre, s'arrachait au sommeil, pour jouir, pendant des nuits entières, du spectacle ravissant des cieux étoilés. *Pascal*, dès qu'il put exprimer ses pensées, donna comme eux des marques d'une intelligence qui se développa bientôt avec une rapidité surprenante. (*) Son père, magistrat respectable et philosophe éclairé, voulut cultiver lui-même ce génie naissant, objet de ses plus chères espérances. Combien ses soins furent récompensés ! le jeune *Pascal*, dévoré du besoin de savoir, entassant questions sur questions, voulait pénétrer la cause de tout.

(*) *Pascal* n'entra dans aucun collège, et n'eut jamais d'autre maître que son père.

Né avec une clarté d'esprit admirable, il discernait du premier coup d'œil les raisons solides de celles qui ne consistent qu'en de vaines paroles; et lorsqu'on ne lui donnait pas de solutions satisfaisantes, il les cherchait lui-même. A une grande sagacité il joignait une patience infatigable : entièrement attaché à son objet, le considérant sous toutes les faces, il ne le quittait point, qu'il n'eût atteint le but qu'il s'était proposé. Rien n'échappait à son regard perçant : il se plaisait à faire des expériences sur tout ce qui le frappait, et une découverte le conduisant à une autre, à douze ans, âge où les hommes, à peine entrés dans la vie, et incapables de rien par eux-mêmes, n'ont d'idées que celles qu'on leur communique, il écrivit, sur les sons, un traité qui surprit tout le monde. (13)

A cette époque, son goût pour la géométrie s'annonça d'une manière qui tient presque du prodige. Cette science, imparfaite dans son origine, n'est parvenue qu'avec le temps, et par degrés insensibles, au point où nous la voyons. Cependant, on peut dire sans exagération que *Pascal* la devina, puisque seul, et en se jouant, il découvrit des vérités dont tant d'autres, malgré de longs travaux et un guide éclairé, ne peuvent qu'avec peine suivre l'enchaînement.

Afin que rien ne le détournât de l'étude des langues, qu'on regardait comme la partie la plus importante de l'éducation, on avait écarté de lui tous les ouvrages qui traitent de mathématiques.

Mais il est une impulsion secrète à laquelle rien ne sait résister. Il n'eut besoin ni de livres, ni de maître; sur la simple définition de cette science, ignorant jusqu'aux noms des choses qu'il voulait connaître, en traçant avec du charbon des figures sur les murs et les carreaux de sa chambre, il trouva les proportions, et les rapports des lignes qu'il nommait *barres*, les propriétés du cercle qu'il nommait *rond*; de conséquences en conséquences, par la seule force de son esprit, il porta ses démonstrations jusqu'à la 32me proposition du premier livre d'Euclide (*). Fait presque incroyable, mais appuyé sur des témoignages qui ne permettent pas d'en douter ! Preuve éclatante que si l'éducation peut conduire jusqu'à un certain point les esprits vulgaires, le génie, riche de ses propres ressources, ne doit rien qu'à lui-même.

Le père de Pascal, cédant à ce penchant irrésistible, mit les éléments du géomètre grec entre les mains de son fils, qui n'eut besoin d'aucune explication pour les entendre, et qui, enchanté de l'évidence et de l'enchaînement des vérités géométriques, se livra plein d'ardeur à une étude qu'il trouvait tous les jours plus attachante. A seize ans il composa ce fameux traité des *Sections-Coniques* (14), que tous les mathématiciens de son temps admirèrent, comme le plus beau

---

(*) Dans tout triangle, la somme de trois angles égale celle de deux angles droits.

travail qu'on eût fait sur cette matière depuis Archimède. Excité par ce premiers succès et déjà compté parmi les grands géomètres, bientôt *Pascal*, laissant derrière lui tous ceux qui l'avaient précédé dans la même carrière, étonna l'Europe par l'invention la plus singulière et la plus heureuse, celle de sa *Machine-Arithmétique* (*), ouvrage utile et commode, qui donne la combinaison des nombres toute trouvée, et par lequel on fait toutes les supputations possibles, sans avoir la moindre notion du calcul ! ouvrage unique, par lequel on a réduit en machine une science qui est toute entière de raisonnement (15).

A l'époque même où *Pascal* inventa cette admirable machine, il cachait déjà dans son sein le germe de la maladie mortelle qui devait trop tôt l'enlever. Quand le mal suspendait ses ravages, son esprit, avide de connaître, prenait son sublime essor et volait à de nouvelles découvertes. A vingt-trois ans, il publia ses recherches sur le *vuide* (16). Les philosophes anciens ont beaucoup disputé sur l'existence du vuide ou espace destitué de toute matière ; mais, privés des expériences faites depuis, ils n'ont sur ce point de physique, comme sur la plupart des autres, hasardé que des hypothèses plus ou moins ingénieuses. Les modernes se sont principalement

---

(*) C'est un système de roues et de cercles mobiles, au moyen desquels des chiffres gravés se meuvent et exécutent dans leurs mouvements les différentes règles de l'arithmétique.

partagés sur l'existence du *vuide disséminé*, qui est celui qu'on suppose entre les corps et dans leurs interstices. Les corpusculaires l'avaient admis, les péripatéticiens et les cartésiens, parmi lesquels on voyait avec surprise Galilée lui-même, l'avaient rejeté, prétendant que la nature l'abhorre, et qu'elle se détruirait plutôt que de le souffrir. *Pascal*, qui respectait plus la vérité, quand elle est évidente, que les opinions reçues, vit « que lorsque la faiblesse des hommes « ne leur permet pas de s'élever jusqu'aux vraies « causes, ils cherchent à cacher leur ignorance « sous un amas de vaines paroles qui remplissent « l'oreille, sans éclairer l'esprit. » Il soutint avec raison que la nature, qui n'est point animée, ne peut avoir aucune horreur du vuide, mot dépourvu de sens, principe imaginaire, et il prouva que les effets attribués à cette prétendue horreur sont dus à la pression seule de l'air. Parmi les expériences qui le conduisirent à cette découverte importante, n'oublions point la plus fameuse, celle qu'il fit faire au bas et au sommet du Puy-de-Dôme en Auvergne (17).

Cette montagne qui règne avec orgueil sur soixante autres, et du haut de laquelle l'œil surpris voit se dérouler un pays de cent trente lieues, était déjà remarquable par son isolement, sa forme conique, ses plantes salutaires, et mille accidents singuliers qui attestent le ravage des anciens volcans ; mais elle doit au nom de

Pascal sa plus grande célébrité. Le voyageur instruit que la curiosité y attire, la parcourt avec respect, en songeant que c'est parmi ses cratères et ses courants de lave que le génie osa dérober à la nature un de ses plus beaux secrets. Cependant ce même voyageur, plein de l'idée de ce grand homme, cherche en vain autour de lui quelque chose qui le lui rappelle. La terre offre partout des trophées magnifiques élevés à ceux qui l'ont désolée ; mais qu'on voit peu de monuments dressés par la reconnaissance publique à ceux qui ont été utiles !

Après avoir soumis l'air à ses calculs, *Pascal*, dont l'étonnante activité s'étendait sur tout , s'occupa de cette science du mouvement des eaux qu'on doit aux Egyptiens. Il s'attacha particulièrement à la partie qui a pour objet l'équilibre des *fluides* (*), et leur action sur les corps qui y sont plongés, donna des règles précises sur la stabilité de ces corps dans l'eau, et forma une théorie exacte de l'*hydrostatique* (18). Son traité sur l'équilibre des liqueurs fut avidement reçu par tous les mathématiciens, qui l'admirèrent sans être surpris, tant il les avait habitués aux choses extraordinaires ! Ils ajoutèrent de nouvelles expériences aux siennes, et ces travaux réunis firent éclore

---

(*) Il démontra que les fluides pressent en raison composée de l'étendue de la base et de la hauteur perpendiculaire , et non pas selon leur volume.

des vérités utiles, dont nous devons lui faire hommage, puisqu'elles furent la conséquence des principes qu'il avait établis.

C'est ici le lieu de mentionner un fait échappé à la plupart de ceux qui ont célébré sa mémoire, un fait qui prouve que souvent ceux qui les premiers mettent en usage les belles inventions s'en arrogent exclusivement tout l'honneur, tandis que le nom des véritables inventeurs-reste couvert de l'oubli. Ce peuple séparé de nous, moins encore par l'océan que par la rivalité, les Anglais ont fait une application des plus heureuses de l'action de l'eau, fondée sur le principe du paradoxe hydrostatique, pour obtenir une pression de beaucoup supérieure à celle produite par les moyens mécaniques. Mais si on ne peut leur contester le mérite d'avoir avant tous les autres employé au pressement des étoffes et des cotons *la presse hydraulique* (19), il est temps enfin de leur ôter la gloire de la première découverte, pour la rendre toute entière à *Pascal*, qui seul en fonda l'ingénieuse théorie, à *Pascal*, qui dans son incroyable activité semblait né pour tout créer.

Il est peu de parties dans les mathématiques, où il n'ait porté une lumière nouvelle. Je ne parlerai point de plusieurs ouvrages dans lesquels il étendait la théorie des sections coniques, et ouvrait à la géométrie des routes jusqu'alors inconnues (20); ouvrages qui n'ont pas été publiés et dont nous devons regretter la perte. Je ne m'arrêterai point sur une invention remarquable qui lui appartient

tout entière, celle de son *triangle arithmétique* (21),
dont les principes ont été l'origine d'une nouvelle
branche de l'analyse , le calcul des probabilités
dans la théorie des jeux de hasard. Mais, fran-
chissant un intervalle de plusieurs années, j'offrirai
à vos regards un de ses plus beaux titres de gloire,
la solution des problêmes de la *cycloïde* (22) ,
solution qu'il trouva, dans ses longues et tristes
veilles, presque sans y songer, comme par une
sorte d'inspiration. Parmi cette foule de découvertes, résultats heureux de la curiosité qui nous
agite sans cesse, il en est qui au premier aperçu
ne présentent aucune utilité réelle : de nouvelles
tentatives ; souvent le hasard seul fait connaître
le véritable usage dans la pratique de ce qui
n'avait d'abord paru qu'une simple spéculation.
Ceux qui les premiers cherchèrent la *cycloïde*,
étaient loin de soupçonner que cette courbe
fameuse eût servi un jour à porter la mesure
du temps jusqu'à la plus rigoureuse précision (23). *Pascal*, qu'aucune difficulté n'arrêtait,
approfondit ce que les autres n'avaient fait qu'ef-
fleurer. Des savants distingués, appelés par lui
à donner la solution de ce problême , essayèrent
leurs forces et échouèrent. Il publia enfin
lui - même ses découvertes, qui doivent être
regardées comme un des plus étonnants efforts
de l'esprit humain. Quel était donc ce génie inépuisable comme la nature qui l'avait produit ?
Ce qu'il y a de plus compliqué n'était pour lui
qu'un jeu, et la vérité qui se cache si souvent

aux autres, venait d'elle-même s'offrir à ses regards.

De ses hautes combinaisons, *Pascal* n'avait pas dédaigné de descendre à la pratique. C'est un beau, c'est un touchant spectacle, de voir ce même homme, qui avait reculé les bornes des connaissances humaines, cet homme, dont la main hardie avait soulevé le voile qui couvrait un des plus merveilleux phénomènes de la nature, consacrer ses talents au soulagement d'une classe malheureuse, condamnée à de pénibles travaux, et qui achète si cher un pain toujours trempé de sueurs, et trop souvent de larmes. Personne n'ignore qu'il est l'inventeur de deux machines d'une construction simple et ingénieuse, machines qui facilitent le transport des plus lourds fardeaux, et dont l'usage est devenu général. (24)

On prétend que les sciences exactes tuent l'imagination, et qu'on reconnaît à un style sans coloris le triste mathématicien qui sans cesse pâlit sur de froids calculs. En effet, l'imagination s'emporte, et souvent ne plaît que par ses écarts mêmes. Dans les mathématiques, au contraire, tout est enchaînement, tout marche de conséquence en conséquence, elles ramènent l'esprit aux lois sévères du raisonnement, et dédaignent toute parure étrangère; aussi les savants portent-ils ordinairement dans leurs écrits une sorte de sécheresse qui en détruit le charme. Il est pourtant d'heureuses exceptions, et l'étude des belles-lettres peut embellir celle des sciences. (25) Platon,

qui donna de Dieu une idée si juste et si sublime, en l'appelant l'*Eternel Géomètre*, l'éloquent
Platon était bon géomètre lui-même. On sait qu'il
trouva une solution du problême de la duplication
du cube, et qu'il écrivit, sur la porte de son
école, ces mots remarquables: « Qu'aucun ignorant
en géométrie n'entre ici. » *Pascal* prouve, d'une
manière encore plus frappante, que les sciences
et la littérature n'ont rien d'incompatible : qu'on
ouvre les *Lettres Provinciales*, si justement ad-
mirées. Elles portèrent le premier coup à cet
Ordre qui a produit tant d'hommes fameux, et
dont les ennemis mêmes ne peuvent contester
les services signalés ; à cet ordre qui, formant
à nos arts des sauvages jusqu'alors épars dans
les forêts, et leur donnant une religion et des
lois, fonda si loin de nous un état, chef-d'œuvre
d'habileté et de politique; (26) à cet ordre, qui
ne put résister à sa grandeur même, et qui,
semblable à ces vastes édifices dont les fondements
sont trop faibles, étonna l'Europe par sa chûte
subite. *Pascal* attaqua ces redoutables *Jésuites*
avec une arme bien terrible, celle du ridicule.
Mais il ne fut poussé par aucune passion, animé
par aucune haîne personnelle, et ne prit part
aux débats théologiques qui divisaient alors tous
les esprits, que pour la défense seule du grand
Arnault, accusé d'hérésie par des ennemis jaloux
qui voulaient le perdre. (27) Arnault était un
de ces pieux et savants solitaires, réunis à Port-
Royal-des-Champs, (28) où, cultivant en paix

les lettres et la vertu, ils édifiaient le Monde par leur piété, et l'éclairaient par d'excellents ouvrages. Ce sont eux qui ont répandu le goût de la bonne philosophie et de la saine littérature, et qui les premiers ont soumis la langue Française à des règles certaines. De cette école célèbre, trop long-temps calomniée, sont sortis une foule d'hommes illustres, parmi lesquels brille l'immortel Racine, qui y puisa les principes de ce style enchanteur qui le place au premier rang sur le Parnasse Français. On sait avec quelle rigueur furent poursuivis des hommes paisibles, étrangers à toutes les vanités du siècle, dégagés de toute ambition, et n'aspirant qu'à la gloire d'être utiles; on sait de quelle violente persécution Arnault fut l'innocente victime, et avec quelle fermeté le courageux *Pascal* le défendit contre une société puissante, du ressentiment de laquelle il avait lui-même tout à craindre. Il ne m'appartient pas de prononcer dans cette querelle fameuse: s'il a peint ses adversaires de trop noires couleurs, son excuse est dans son zèle ardent pour la vérité, qui lui paraissait compromise; pour la pureté de la foi et de la morale qu'il croyait exposées; sur-tout dans sa déclaration solemnelle, avant de mourir, que bien loin de se repentir d'avoir composé les *Provinciales*, tout son regret était de ne les avoir pas faites plus fortes encore. N'est-ce pas le langage d'un homme persuadé de la justice de sa cause, d'un homme à qui la conscience ne reproche rien ? Si ces lettres

n'eussent été qu'une simple production de contro-
verse, elles seraient oubliées, comme tant d'autres
écrits polémiques; mais il ne peut y avoir qu'une
opinion sur leur mérite, comme ouvrage de
littérature, et ceux mêmes qui blâmeraient les
motifs et les vues de l'écrivain, conviendront
que ce chef-d'œuvre, (29) qui renferme tous
les genres d'éloquence, et où l'on ne trouve pas
un seul mot qui ait vieilli, pas une plaisanterie
froide, est un parfait modèle de la critique la
plus ingénieuse, et ce qui étonne davantage,
du style le plus châtié, quoique écrit dix ans
avant la première tragédie de Racine, à une
époque où la langue était bien loin d'être formée.
Il n'y a pas plus de finesse dans les meilleures
comédies de Molière, une ironie plus piquante
dans les satires les mieux faites. *Pascal* offre avec
clarté les choses les plus abstraites, et répand
des agréments sur les détails les plus arides. Quelle
variété dans une matière qui en paraît si peu
susceptible! que de souplesse ne lui fallait-il
pas dans l'esprit, pour prendre sans effort autant
de tons différents! de combien de courage n'avait-
il pas besoin, pour suivre, sans se rebuter, une
route aussi épineuse! Celui qu'effarouchent d'abord
le titre et le sujet, ramené bientôt par le charme
du style et par la manière attachante dont tout
est présenté, admire cette sage abondance d'idées
toujours justes, si naturellement enchaînées l'une
à l'autre, ces transitions ménagées avec tant
d'adresse, cet art du dialogue si difficile et si

bien soutenu, ce tour vif et léger, ces graces inimitables qu'on ne peut définir, et qui embellissent tout en paraissant se cacher, sur-tout cette heureuse facilité, le plus beau don du génie.

Pascal se sert des raisons mêmes de ses adversaires pour les combattre, et retourne contre eux leurs propres armes. Tantôt il les confond par un raisonnement pressant, tantôt par une plaisanterie plus victorieuse encore. Mais quand il n'est plus maître de son indignation, avec quelle vigueur il les frappe, il les terrasse! ce n'est plus Boileau qui raille, Molière qui badine, c'est Démosthènes qui tonne. Les dernières lettres sont écrites avec une éloquence dont Bossuet lui-même n'a pas surpassé la puissance et la majesté, et l'on ne peut rien comparer pour la force, à la 14me et à la 15me contre le meurtre et la calomnie.

On fait un crime à *Pascal* d'avoir employé l'ironie dans un sujet qui tient essentiellement à la religion. Mais quand la moquerie fait revenir les hommes de leurs égarements, n'est-elle pas une action de justice? si l'impiété se fait un jeu de jeter le ridicule sur tout ce qu'il y a de plus sacré, *Pascal*, animé d'un véritable esprit de piété, ne s'est servi de la raillerie que contre des erreurs dangereuses, en respectant plus que personne les choses saintes, et comme il le dit lui-même dans sa onzième lettre, qui contient son entière justification: « Il y a bien de la diffé-
» rence entre rire de la religion et rire de ceux
» qui la profanent par leurs opinions extravagantes.

» Il y a deux choses dans la vérité de la religion:
» une beauté divine qui les rend aimables, et
» une sainte majesté qui les rend vénérables;
» il y a aussi deux choses dans les erreurs,
» l'impiété, qui les rend horribles, et l'imperti-
» nence, qui les rend ridicules. » *Pascal* n'est
donc point blâmable, comme il l'ajoute lui-même,
« d'avoir employé également son zèle à repousser
» avec force la malice des impies, et à confondre
» avec risée leur égarement et leur folie. » S'il
eût écrit d'un style dogmatique, il n'eût pas été
lu des gens du monde, à qui il voulait faire
connaître le danger de toutes ces maximes em-
poisonnées qui se répandaient alors, et dont on
se laissait facilement persuader. Mais en remuant,
en gagnant les cœurs par le plaisir, il les conduisait agréablement à la connaissance de la vérité.

Le reproche plus grave de calomnie qu'on n'a
pas craint de lui faire, est aussi dénué de fondement. Comment croire que celui qui a lancé
sur les calomniateurs les traits d'une éloquence
si foudroyante, se fût servi lui-même de l'arme
odieuse et méprisable du mensonge? Non, je le
répète, il n'a été poussé par aucune passion;
non, cet homme, qui ne craignait rien tant
que de blesser la vérité, n'a point cherché à noircir
l'innocence, n'a point étendu jusqu'aux personnes
la haîne qui doit se borner aux erreurs. Non
seulement il n'a pas falsifié, ce qui eût été
horrible, mais il n'a pas altéré ou détourné le
sens du moindre passage, et n'en a pas employé

un seul, sans l'avoir lu lui-même dans le livre
cité, et sans un mûr examen de la matière sur
laquelle il est avancé. L'accusation dont on charge
si injustement sa mémoire, retourne contre ses
ennemis mêmes, et les *Provinciales* sont le plus
éclatant témoignage de sa bonne foi et de son
zèle éclairé, comme elles sont aussi son plus beau
titre à la gloire littéraire.

(30) *Pascal* cacha avec le plus grand soin qu'il était
l'auteur de ces lettres *ingénieuses*; mais dès qu'elles
furent répandues dans le public, on le devina,
tant lui était particulière cette manière d'écrire
naïve, naturelle, et en même temps si remplie
d'énergie et de justesse. Le plus bel éloge qu'on
ait pu en faire est la réponse du grand Bossuet :
on lui demandait quel ouvrage il aurait mieux
aimé avoir fait, s'il n'eût pas composé les siens,
il répondit : *les Provinciales*. Le satirique Des-
préaux les vantait toujours comme le plus beau
modèle de prose qui soit en notre langue ; et la
pureté du style en est si parfaite, que cet Aris-
tarque sévère lui-même n'y eût pas trouvé un mot
à reprendre. Quel soin ! quelle patience infatigable,
pour les avoir portées à un tel dégré de correc-
tion ! Bien différent en cela de ces auteurs mé-
diocres, dont la vue bornée n'aperçoit rien au-
delà du cercle étroit où ils sont renfermés, et qui
promènent sur leurs faibles compositions des
regards toujours satisfaits ; *Pascal*, comme tous
les bons écrivains dont la sphère s'aggrandit, à
mesure qu'ils y avancent, ne trouvait jamais que

ses ouvrages répondissent à l'étendue de ses pensées. Mais en polissant son travail, il n'affaiblissait pas l'expression; plus il retouchait, plus il donnait de force, et son imagination inépuisable lui fournissait, sans effort, des idées toujours plus heureuses.

Profond mathématicien, critique ingénieux, *Pascal* couvert de gloire, avait assez brillé pour le monde. Il lui restait une plus belle carrière à parcourir. Trop souvent le génie égaré prostitue ses talents au mensonge; mais ce grand homme, dès sa plus tendre enfance, nourri des vérités consolantes de la religion, ne s'écarta jamais de la route qu'elle lui traçait. L'âge ne fit qu'ajouter à son amour pour elle, et à vingt-cinq ans il abandonna les lettres humaines, pour se livrer tout entier à la théologie, cette science sublime qui puise au sein de la divinité même les principes du bonheur social, et qui « écartant (*) » toutes ces questions obscures qui ne produisent » que de vaines discussions, ou des débats in-» terminables, doit s'attacher particulièrement à » la morale et tendre toujours à la perfectionner. » Si *Pascal*, dans la ferveur de son zèle, n'eût pas cru que les préceptes sévères du Christianisme devaient exclure toute autre étude, s'il n'eût pas renoncé à ses savantes recherches, de combien d'heureuses découvertes n'aurait-il pas encore enrichi sa patrie! Mais, à l'âge où les autres commencent à peine à savoir quelque chose, ayant

______

(*) *Pascal.*

parcouru presque toute la sphère de nos connaissances et n'y trouvant que dégoût et vanité, il
s'élança vers un plus noble but, et consacra à la
religion seule les dix dernières années de sa vie.
Déchiré par des maux cruels, fuyant les douces
consolations de la société, se privant de distrac-
tions nécessaires, il s'enfonça dans une retraite
absolue. Osons ajouter qu'il porta trop loin peut-
être la vertu, qui, exempte de faiblesse et d'excès,
doit s'arrêter au point également éloigné des deux
extrêmes (*).

Dans ce triste état où l'homme accablé par les
souffrances ne sait plus que gémir et se plaindre,
Pascal, supérieur au mal qui le conduisait au
tombeau, forma le plan d'un ouvrage immense
en faveur du Christianisme. Il voulait employer
des preuves morales, et chercher plus à toucher
et disposer le cœur, qu'à convaincre et persuader
l'esprit. La mort le surprit au milieu de son
travail, dont il n'a laissé que des fragments épars,
monuments précieux de son génie. (31) Si dans
ce recueil admirable on trouve quelques morceaux
imparfaits, quelques passages obscurs, quelques
endroits trop peu développés, que sont ces taches
légères auprès des beautés sans nombre qu'on y
voit briller? Ce n'est plus, comme dans les *Provinciales*, cet art inimitable avec lequel il a su tirer
partie du sujet le plus aride. Ici, quittant sa
route ordinaire, saisi d'un enthousiasme qui ne

(*) *Non plus sapere quàm oportet sapere, sed sapere ad
sobrietatem,* a dit l'Écriture elle-même.

connaît ni règle, ni préparation, il exprime ses idées aussi vivement qu'il les conçoit, semble craindre d'affaiblir sa pensée en s'y arrêtant, et jette sa phrase avec une sorte de brusquerie qui en fait le mérite même. Il dit : « la vie de l'homme est un » point entre deux éternités...... entre nous et le » ciel, l'enfer et le néant, il n'y a que la chose la » plus fragile, la vie. » Entassez les mots, prodiguez les images, vous n'approcherez jamais de cette simplicité sublime. Je lis ailleurs : « le dernier acte » est toujours sanglant, quelque belle que soit » la comédie en tout le reste. On jette enfin de » la terre sur la tête, en voilà pour jamais. » Quelle manière courte et frappante de peindre les vanités du monde, le néant des grandeurs humaines ! Un seul trait ajouté ne ferait qu'affaiblir ce tableau terrible. Le style porte ordinairement l'empreinte du caractère (32). On voit dans *Pascal*, d'un côté, le philosophe armé de toute sa raison contre des mystères qui la confondent ; de l'autre, le chrétien humble et soumis imposant silence à cette raison superbe. Son style offre un pareil contraste ; opposant les plus grandes choses aux plus petites, et entre les deux extrêmes montrant la vérité, il prouve qu'en tout les plus beaux effets naissent de ce contraste même. Lorsqu'après avoir représenté le monde « comme une sphère infinie » dont le centre est partout et la circonférence » nulle part » (*) ; lorsqu'après avoir reculé

(*) On attribue cette belle pensée à Timée de Locres ; mais si elle n'appartient pas à *Pascal*, il était digne de l'inventer.

au-delà de tous les possibles les bornes de l'univers,
et être ensuite descendu dans l'extrême petitesse,
il montre aux regards effrayés l'homme suspendu
entre l'infini et le néant, ou comme il le dit
si bien, *entre rien et tout*; tant de grandeur
accable, et l'œil n'ose mesurer la profondeur de
ces abîmes.

Les moralistes ont tous voulu définir l'homme,
et les livres sont remplis de leurs déclamations
éloquentes. *Pascal* n'a écrit qu'une ligne: « *l'homme
» est un roseau pensant.* » Le célèbre La Roche-
foucaut qui a fait avec tant de finesse et quelquefois tant d'injustice la satire du cœur humain, en a-t-il mieux développé les derniers replis?
Quand ils peignent tous les deux cette vanité, née
avec nous et presque toujours le mobile secret
de nos actions, combien les traits déliés du cour-
tisan sont faibles, auprès des touches vigoureuses
du philosophe chrétien ! Dans sa vie solitaire,
étranger à toutes les agitations de la société, où
Pascal avait-il puisé cette connaissance triste et
profonde des imperfections humaines ? Il les avait
étudiées dans son propre cœur (33). Lorsque ce
grand peintre rembrunit ses couleurs, il égale
dans ses sombres tableaux le noir et sublime
Young (34), avec lequel l'élévation des idées et
le tour d'imagination lui donnent les plus frappants rapports. Mais après avoir humilié l'homme
par la peinture décourageante de nos misères, il
le relève par l'espérance et le dépose entre les
bras paternels de la divinité.

En lisant ces pensées jetées sans ordre , mais presque toutes fortes et sublimes, on se croit parmi les ruines augustes d'un temple dont tout atteste l'antique grandeur, et l'ame éprouve une sorte de saisissement religieux. Si la nature, faisant un heureux effort , eût rendu au Christianisme un si éloquent défenseur ; si *Pascal* eût mis la dernière main à un ouvrage si bien commencé , nous aurions un chef - d'œuvre de plus. Il en conçut le dessein plusieurs années avant de mourir ; mais forcé par des maux continuels d'interrompre souvent son travail , il n'a laissé qu'une idée imparfaite de son plan , dont j'essaierai de tracer une légère esquisse (35).

Il eût d'abord montré l'homme , prodige de grandeur et de faiblesse , commandant aux éléments , et misérable jouet de tout ce qui l'environne , s'agitant sans cesse pour connaître , et condamné à ne presque rien savoir , portant son vol hardi jusqu'à Dieu même , et rabaissé par ses passions au - dessous des plus vils animaux , assemblage étonnant de tous les contraires, la gloire et l'opprobre du monde. Au milieu des ténèbres qui l'entourent , cet atôme égaré dans un coin imperceptible d'un univers sans bornes , jette avec effroi un coup d'œil sur lui-même , et veut enfin savoir d'où il vient et ce qu'il doit devenir. *Pascal*, l'adressant d'abord aux plus grands philosophes de toutes les sectes, eût fait le tableau de leurs vaines opinions se détruisant l'une par l'autre ; il eût ensuite, parcourant tous les âges, porté ses regards sur cette foule de religions qui se sont partagé la terre et qui ont prouvé jusqu'où peut aller l'extravagance humaine.

Il s'arrête enfin sur les Juifs, qui lui offrent des singularités qui le frappent. Il ouvre le livre qui gouverne ce peuple, et s'aperçoit que c'est le seul qui ait dépeint l'homme tel qu'il est, heureux dans l'état d'innocence, et après sa chûte condamné à tous les maux, et communiquant à ses tristes descendants sa corruption et sa misère. Ce livre seul parle dignement de l'Être souverain, seul donne l'idée d'une véritable religion. L'homme conduit jusque-là, et fatigué du doute dans lequel il avait si long-temps flotté, ouvre son ame avide à la vérité qu'on lui présente. *Pascal*, profitant de cette disposition favorable et entrant dans tous les détails qui sont le fondement de la religion chrétienne, aurait donné de son institution divine les preuves les plus convaincantes. Il l'eût démontré d'abord par la loi de Moyse, par les prophéties, puis par l'Evangile même, et se serait enfin étendu sur les voies miraculeuses par lesquelles s'est entièrement établi le Christianisme.

C'est dans ce Christianisme seul que *Pascal* trouvait la base certaine de toutes les vérités morales; c'est cette religion divine qui seule à ses regards pouvait garantir la noblesse de notre nature et la réalité de nos vertus. Aussi ne doit-on pas être surpris du peu d'estime qu'il semble avoir pour ce célèbre Montaigne (36), qui, après avoir pesé toutes les contradictions, se jette dans un doute universel, et dont la philosophie insouciante et facile forme avec les principes sévères du christianisme un contraste si marqué. *Pascal* met les préceptes de ce hardi Sceptique en opposition avec ceux d'Epictete, et, après en avoir déduit l'insuffisance des doctrines purement humaines, il anéantit toutes ces vaines opinions, pour faire place à la vérité de la révélation qui concilie tous les contraires.

Avant de fermer le recueil de ses pensées, justifions-le du reproche qu'on lui a fait d'avoir été insensible à l'harmonie des vers, et d'avoir tourné en ridicule certaines expressions introduites dans la poésie, sous le nom si impropre de *Beautés Poëtiques*. Mais le législateur du Parnasse, (*) Boileau lui-même, ne s'est-il pas moqué avec raison de* tous ces termes insipides et jetés au hasard, dont tant de mauvais poëtes surchargent leurs fades compositions ? Sans doute l'éloquent *Pascal* n'a pas méconnu cet art (**) charmant qui orne de tant de graces la vérité elle-même, et qui en flattant l'oreille exerce sur l'ame un si doux empire. Que n'a-t-il pu lire Racine ? Que n'a-t-il connu Athalie ou Phèdre ? Sans l'austérité de ses principes qui ne lui permettaient guère de s'exercer à des matières d'agrément, doué de l'imagination la plus riche et possédant plus que personne

----

(*) Voyez sa deuxième Satire.

(**) .... *Il vero condito in molli versi*
I più schivi allettando ha persuaso.

Ger. lib. del TASSO.

l'heureux talent de peindre, n'avait-il pas lui-même toutes les qualités qui constituent le grand poëte ?

A la force, à l'étendue de l'esprit qu'on admirait dans *Pascal*, il joignait encore une mémoire prodigieuse, où tout restait gravé en traits ineffaçables. Cette faculté incompréhensible, qui échappe à nos explications et n'est connue que par ses heureux effets, est un des plus beaux avantages que la nature nous ait accordés. La fable en a enveloppé l'idée sous le voile d'une allégorie ingénieuse, en faisant les neuf muses filles de *Mnémosyne*. En effet le génie lui-même est sans cesse arrêté dans sa marche, s'il n'est aidé par la mémoire. Mais elle est un don inutile, même dangereux, quand le jugement ne préside pas au choix et à l'ordre des connaissances dont elle est le précieux dépôt. Celle de *Pascal* renfermait des richesses immenses, que sa raison supérieure savait classer sans rien confondre.

Cette clarté, cette justesse qui distingue ses ouvrages, n'était pas seulement un don heureux de la nature ; il devait aussi ce rare avantage à des préceptes qu'il avait imaginés lui-même, et qui, le guidant toujours, ne lui permettaient pas de s'égarer, quelque hardi que fût son essor. Il avait pour principe fondamental « d'établir une » correspondance entre l'esprit et le cœur de ceux » à qui l'on parle, et les pensées et l'expression » dont on se sert. » Il avait étudié l'homme, connaissait les ressorts secrets qui le font agir, et n'écrivait rien, sans avoir fait un premier essai sur lui-même, en se mettant à la place de ceux qu'il voulait convaincre (37). Aussi l'éloquence la plus persuasive coulait-elle de ses lèvres ou de sa plume, comme de sa source naturelle.

Jusqu'ici je n'ai présenté que le génie qui commande l'admiration; maintenant considérons l'homme même, descendons dans le cœur de *Pascal*, et nous y trouverons toutes les qualités qui commandent l'amour.

Souvent l'ame se replie sur elle - même avec une satisfaction intérieure ; et ce mouvement naturel à tout le monde semblerait devoir l'être encore plus à ceux qui sont doués d'un mérite supérieur. En effet, celui qui, de la hauteur où son vol l'a porté, voit les autres si loin de lui celui dont la raison éclairée a percé la nuit qui nous enveloppe; celui dont le compas hardi mesure les cieux, ou dont l'œil pénétrant surprend dans leur principe les secrets les plus cachés; l'homme de génie enfin, presque un dieu sur cette terre misérable où nous sommes condamnés à l'ignorance, doit se contempler avec un noble orgueil que tout semble justifier? Mais que cette vanité, quelquefois excusable, sait rarement se contenir dans de justes bornes ! qu'il est à craindre que ceux que leurs connaissances élèvent si fort au-dessus des autres, ne règnent en tyrans dans l'empire qu'ils se sont créé ! Cependant personne ne fut plus grand, ni plus modeste que *Pascal* (38). Il écoutait avec docilité les avis qu'on lui donnait sur ses ouvrages, et semblait ignorer sa supériorité.

Une simplicité si noble et si rare écartait l'envie ;
et, quoiqu'il se permît volontiers ces railleries
douces (39) , qui sans offenser raniment les con-
versations, plein d'indulgence pour les autres et
toujours soigneux de ménager leur amour-propre,
il se faisait chérir et respecter de tous ceux qui
l'approchaient.

Quels éloges ne mérite pas aussi la bienfaisance
dont il donna tant de preuves touchantes! Douce
bienfaisance, première des vertus après la justice!
C'est par toi surtout que l'homme de bien est la
fidelle image de Dieu sur la terre : une seule larme
arrêtée dans l'œil d'un malheureux est préférable à
tous les lauriers qui couronnent le front du génie.
L'ame de *Pascal*, détachée d'un monde où il ne
trouvait rien qui pût fixer ses affections, s'élançait
au sein de la divinité. De cet essor sublime que la
faiblesse de l'homme ne peut long-temps soutenir,
il aimait à descendre, pour venir se reposer au
milieu des infortunés : secourir les pauvres, sur-
tout les consoler, était le premier besoin de son
cœur et son devoir le plus doux. Quand on lui
représentait que ses aumônes excédaient ses re-
venus, il répondait : « que quelque pauvre qu'on
» fût, on laissait toujours quelque chose en mou-
» rant, » Mais plus il se plaisait à donner aux
autres, plus il était avare pour lui-même. Sa devise
était de renoncer à tout plaisir et à toutes super-
fluités. Eloignant de lui toutes les choses qu'il
jugeait inutiles, refusant à ses sens tout ce qui pouvait les flatter, il ne connaissait de besoins que
ceux du plus strict nécessaire.

Si je voulais célébrer toutes les vertus dont se composait son ame, les preuves se multiplieraient; mais je dois borner ma course. J'ai tâché de le suivre dans sa courte et brillante carrière, et avec d'autant plus d'intérêt, que tous ses travaux ont tourné à l'avantage de ses semblables. Les grands talents en effet ne méritent d'être honorés, que lorsqu'ils ont produit quelque chose d'utile. *Pascal* enrichissant les sciences de nouvelles découvertes, *Pascal* donnant à notre langue une force et une grace qu'on ne soupçonnait pas avant lui; *Pascal* sur-tout nous éclairant sur nos devoirs, a prouvé l'utilité de ses ouvrages par leur objet même. Il est plus difficile de déterminer l'influence qu'il a dû avoir sur son siècle. Il naquit à une époque mémorable, où l'on vit briller à la fois une foule d'hommes supérieurs. Tous, influant plus ou moins, ont formé ensemble cet esprit général auquel nous devons la lumière qui nous éclaire aujourd'hui. Comment démêler la nuance véritable qui doit distinguer *Pascal?* Avant lui, on mettait les paroles à la place des choses : il vint, et, sacrifiant tout à la clarté et à la justesse, il donna plus de précision à la phrase jusqu'alors étouffée sous un vain luxe de mots; le style se dégagea de ses entraves, et la pensée plus libre recouvra toute sa force. On lut ses ouvrages, on les admira, on s'efforça de les imiter, et le génie lui-même apprit à ne pas abuser de ses richesses (40).

Avant *Pascal*, l'éloquence reprochait aux mathématiques leur froideur et leur sécheresse; les géomètres, à leur tour, reprochaient à l'imagination sa fougue et ses écarts : *Pascal*, à tous les trésors de l'imagination, à la délicatesse du goût le plus épuré, joignant l'exactitude que donne l'étude habituelle des sciences de raisonnement ; *Pascal*, écrivant les *Provinciales* de la même main qui avait pesé l'*air*, montra que du concours heureux des mathématiques et de l'éloquence résultent la force et l'agrément. Après lui, une foule d'écrivains illustres, marchant sur ses traces, ont réuni deux genres de mérite qu'on avait crus si opposés. J'en pourrais nommer un grand nombre ; mais, parmi ceux qui ont scellé l'union des sciences et des belles-lettres, on doit distinguer Fontenelle, (41) l'auteur ingénieux des *Mondes*, qui sut donner tant de graces à la raison; Buffon, (42) le Pline Français, peintre sublime de la nature ; d'Alembert, (43) à qui on doit le beau péristyle de l'Encyclopédie, et les excellents articles de mathématiques, qui enrichissent ce grand monument ; enfin, cet infortuné Bailly, (44) historien éloquent de l'astronomie.

Pascal a eu, comme *moraliste*, une influence plus marquée. Le génie devient un don funeste, lorsqu'il tourne contre la vérité les armes qu'il avait reçues pour la défendre ; lorsqu'emporté par un fol orgueil, et prêchant l'erreur et le doute, il répand une doctrine désolante qui ôte au crime puissant son seul frein, et à l'opprimé sa dernière espérance. Plaignons ceux qui font de leurs talents un si déplorable usage ; plaignons sur-tout ceux qu'ils séduisent et qu'ils égarent. Qu'on cesse enfin de croire que la religion est une vaine institution, abandonnée à la crédulité des esprits faibles , et que méprisent les hommes éclairés. On ne trouve point d'athées parmi ceux qui ont étonné le Monde par leurs découvertes dans les sciences mathématiques. Descartes, dans ses méditations métaphysiques , démontra Dieu par l'idée , et approfondit les preuves philosophiques de la spiritualité de l'ame. On connaît la *Théodicée* de Leïbnitz, (45) ce savant universel , littérateur , mathématicien et théologien à la fois. Newton, un des hommes dont s'honore le plus l'Angleterre , ne prononçait le nom de la Divinité qu'avec respect et recueillement. Arrêtons sur-tout les yeux sur *Pascal* : quel triomphe pour le Christianisme de le compter au nombre de ses plus ardents défenseurs ! que d'écrivains distingués se sont fait un devoir et un honneur de suivre ses traces ! combien d'orateurs chrétiens ont puisé dans le recueil de ses pensées, dont leurs plus éloquents discours ne sont que d'heureux développements ! que d'esprits entraînés par l'erreur , ou près de s'égarer, ont été ramenés ou retenus dans la vraie route, en voyant un homme si fameux leur donner à la fois le précepte et l'exemple !

Pascal a donc joint à la gloire d'être un des plus beaux génies de son siècle, la gloire plus grande d'être utile. Malgré tant d'éclat, que son sort fut à plaindre! le ciel, dans ses desseins, dont notre faiblesse ne peut sonder la profondeur, semble dévouer au malheur tous ceux qu'il condamne à être célèbres. (46) Homère, aveugle et manquant du premier nécessaire, tendait une main suppliante dans la Grèce illustrée par ses veilles. L'infortuné Colomb (47) expia dans les fers l'honneur immortel d'avoir découvert un nouveau Monde. (48) Galilée, accusé par l'envie et jugé par l'ignorance, fut forcé d'abjurer à genoux des vérités qui n'en restèrent pas moins gravées dans son cœur. *Pascal*, il est vrai, ne fut point victime de l'injustice et de l'ingratitude de ses semblables; il jouit paisiblement, au sein de sa patrie, de l'estime due à ses vertus et à ses talents; mais il n'en paya pas moins son fatal tribut. Sa vie entière ne fut qu'une longue et douloureuse agonie. Son faible corps, comme un ressort trop tendu, ne put résister à la vive impulsion de son âme. Personne n'a montré, par des contrastes plus frappants, la grandeur et le néant de l'homme. On prétend même que, dans ses fréquentes insomnies, son imagination frappée lui représentait à ses côtés un abîme ouvert pour l'engloutir. On lui a trop durement reproché cette faiblesse, suite fatale d'un accident dont il avait pensé périr victime. (49) C'est avec tort aussi qu'on attribue à quelque dérangement dans ses organes la vie austère à laquelle il se condamna dans ses huit dernières années. N'est-ce pas alors même que sa raison brilla de plus d'éclat? n'est-ce pas alors qu'il écrivit ses ingénieuses *Provinciales*, qu'il découvrit de nouvelles et étonnantes propriétés à la Cycloïde; qu'il produisit ces pensées sublimes qui préparaient à la religion un si glorieux triomphe? Epuisé par tant d'efforts, il ne fit plus que dépérir; le mal redoublant de violence, étendit sur ses derniers jours une ombre qui obscurcit jusqu'à son génie même..... Ce flambeau, fait pour éclairer la terre, s'éteignit, au moment où il devait jeter le plus de clarté. (50)

Vous, poëtes et orateurs dont la voix éloquente éternise la gloire des héros qui illustrent le Monde, ne refusez pas vos hommages à ceux qui l'instruisent et le consolent; venez avec moi répandre quelques fleurs sur la tombe de *Pascal*. Vous aussi, savants laborieux, qui consacrez à des recherches pénibles des veilles trop souvent payées d'ingratitude; vous sur-tout, vrais philosophes, courageux défenseurs de la vérité, réunissez-vous à ma voix, prosternez.vous devant cette cendre sacrée, et dites-moi si un peu de poussière est tout ce qui reste de cet esprit sublime? Qu'est devenu ce souffle qui l'inspira? cette noble image de la Divinité se serait-elle à jamais évanouie dans la nuit éternelle? tant d'éclat se serait-il éteint dans le néant? Immortalité! vérité douce et consolante, c'est sur ta base inébranlable que nos faibles cœurs doivent s'appuyer. L'homme ne descend dans le tombeau que pour en sortir immortel; c'est la route souterraine qui, après quelques heures d'agitation, nous conduit à un bonheur que ne troublera plus le rêve pénible de la vie. Cessons de déplorer la fin prématurée de *Pascal*, et félicitons-le d'avoir sitôt quitté ce triste séjour d'exil, pour recevoir l'éternelle récompense due au savant qui a répandu d'utiles lumières, et au sage moraliste dont les vertus et les ecrits furent l'exemple et l'admiration de son siècle.

NOTES.

(1) On ne peut guère citer dans les douze premiers siècles de l'ère chrétienne, que deux hommes qui aient mérité quelque célébrité : Diophante, Guy Arétin.

Diophante naquit à Alexandrie, vers le milieu du quatrième siècle. Il écrivit treize livres sur l'arithmétique, et en donna une nouvelle et universelle sous le nom d'algèbre.

Guy Arétin naquit à Arezzo, ville d'Italie, en 1027. Il a écrit deux livres sur la musique.

Parut ensuite Albert le gros, ou le grand, qui naquit à Lawigen, dans la Souabe, en 1205. Ce fut un célèbre docteur, il écrivit sur l'astronomie et réussit sur-tout dans la mécanique. Il a eu une grande réputation, due en partie au siècle d'ignorance où il vivait, et à cet amour du merveilleux, dont les hommes sont si avides.

(2) Roger Bacon naquit en 1214, à Ilchester, dans le Sommerset; il entra dans l'ordre des Franciscains. On lui doit la chambre obscure, les miroirs ardents et des idées qui mettaient sur la voie de la découverte des lunettes, des télescopes et des microscopes. Il connut aussi les effets du salpêtre, mais ne découvrit point la poudre, comme on l'a prétendu. Ce savant, à qui on donnait le surnom de *Docteur admirable*, et qui était si fort au-dessus de son siècle, sacrifia cependant aux préjugés de ces temps grossiers; il s'occupa de la pierre philosophale et de l'astrologie judiciaire.

(5) Tout le monde connaît le système de Copernic, c'est le plus ancien de tous ; il fut introduit par Pythagore,

en Grèce et en Italie, où il a été long-temps appelé le *Systéme Pythagoricien.* Il fut suivi par Philolaüs, qui, 600 avant J.-C., pensa que la terre était livrée à deux mouvements : un de rotation sur elle-même et un de progression ou de translation sur l'écliptique. Platon, Archimède, &c., l'adoptèrent. Il se perdit sous le règne de la philosophie péripatéticienne, et fut remis en vigueur par l'Allemand Copernic, dont il porte aujourd'hui le nom, et qui se défiait lui-même du succès de son opinion. Il fut long-temps sans vouloir la publier, et l'on prétend qu'il mourut le jour même qu'on lui présenta le premier exemplaire imprimé.

(4) *Ptolemée ou Ptolomée* naquit à Peluse, 138 ans avant J.-C. Selon lui, la terre est au milieu du Monde : autour d'elle tournent en 24 heures le soleil, les planètes et les étoiles fixes, d'Orient et Occident, et ces astres ont en outre un mouvement particulier par lequel ils achèvent leurs révolutions annuelles. Il ajoutait à tout cela des cieux de cristal, pour rendre raison des differents phénomènes célestes. Ce systéme fut aussi celui d'Aristote et d'Hipparque; mais dépourvu de toute vraisemblance, il fait à notre petit globe un honneur qu'il ne mérite guère, et flatte un peu trop la vanité de ceux qui l'habitent.

(5) Tycho-Brahé place la terre au centre du Monde, la suppose immobile, supprime son orbite, qu'il remplace par l'orbite du soleil qui tourne autour de la terre, tandis que toutes les autres planètes, excepté la lune et les satellites, tournent autour de lui. Ce système, dit Fontenelle, est propre tout au plus à soutenir l'immobilité de la terre, quand on a bien envie de la soutenir, et nullement à la persuader.

(6) Descartes (René) naquit à la Haie, en Touraine. Il fut physicien, métaphysicien, géomètre, anatomiste et même poëte. Il fut le père de la saine philosophie; avant lui, l'on n'étudiait que pour déguiser l'ignorance;

il apprit à douter, réforma le bavardage des écoles, et donna une méthode sûre pour parvenir à la vérité. On connaît l'excellence de sa géométrie, et l'heureuse application qu'il en a faite à l'optique. Descartes avait déclaré la guerre à l'ignorance, il fut persécuté par elle. Malgré les erreurs où il est tombé, il a rendu aux sciences de grands services : il compte des sectateurs illustres, à la tête desquels on doit placer Mallebranche, qui cependant s'est quelquefois écarté de lui. Il faut, dit Fontenelle, que je me plais encore à citer, admirer toujours Descartes et le suivre quelquefois.

(7) Sans Descartes, nous n'aurions peut-être pas eu Newton, qui est sans contredit son plus bel ouvrage. Quelques objections qui paraissent fondées contre le système de Newton ne peuvent en rien nuire à la gloire de ce grand homme, excellent géomètre, bon observateur, et qui avait reçu de la nature une sagacité étonnante pour les expériences. Le principe sur lequel repose sa philosophie est la gravitation universelle, dont avant lui Kepler avait donné les premières idées ; mais le philosophe anglais a eu seul la gloire de porter ce principe jusqu'à la démonstration physique. L'astronomie et l'analyse qui se perfectionnent tous les jours, montrant l'accord qui règne entre les phénomènes et l'opinion de Newton, donnent à son admirable système un appui inébranlable.

(8) Thomas, né aux environs de Clermont, est connu entre autres ouvrages par des poésies où de très-beaux morceaux ne laissent à desirer qu'un peu plus de variété dans les tours et les images, et des liaisons plus heureuses dans les détails. Il doit sa plus grande réputation à ses éloges, enrichis d'excellentes notes. Ceux de Descartes et de Marc-Aurèle sont les plus estimés. Son essai sur ce genre d'éloquence est un monument précieux. La manière de Thomas est noble, mais monotone ; ses pensées fortes, mais quelquefois gigantesques. C'est un riche ambitieux

qui aime trop à montrer ses immenses ressources. Son style est trop embarrassé de mots puisés dans les sciences exactes. Tels sont les reproches peut-être exagérés qu'on fait à cet écrivain trop décrié, qui rachète ses défauts par des beautés du premier ordre, et à qui il n'a manqué que plus de grace et de retenue, pour être un de nos plus grands orateurs.

(9) Voyez la note (38).

(10) *Blaise Pascal* naquit à Clermont, en Auvergne, le 19 juin 1623, d'Etienne Pascal, premier président à la cour des aides de cette ville, et d'Antoinette Begon. Cette famille avait été annoblie par Louis 11, en 1478, et depuis ce temps, elle occupait des places distinguées. Pascal père, à la science des lois, joignait de grandes connaissances dans la littérature, les mathématiques et la physique. Des rapports de goût le lièrent avec le P. Mersenne, Roberval, Carcavi, &c. Ces savants s'assemblaient de temps en temps les uns chez les autres, et cette petite société fut la première origine de l'Académie des sciences.

(11) Clairaut naquit à Paris, en 1713, d'un habile maître de mathématiques ; dès neuf ans, l'application de l'algèbre à la géométrie lui était familière ; à 17, il publia des recherches sur les courbes à double courbure ; à 18, il fut reçu à l'Académie, et, quelque temps après, il suivit les académiciens envoyés dans le Nord, pour déterminer la figure de la terre. Ses principaux ouvrages sont des éléments de géométrie et d'algèbre, une théorie de la figure de la terre et les tables de la lune.

(12) Pierre Gassendi, né en Provence, en 1598, eut la gloire de partager le monde savant entre Descartes et lui : il y avait les Gassendistes et les Cartésiens. On dit que dès quatre ans il composait et déclamait de petits sermons, et que, peu de temps après, son goût pour l'astronomie devint si fort, qu'il se privait du sommeil

pour jouir de la vue des cieux étoilés. On rapporte aussi qu'étant un soir avec des enfants de son âge, il s'éleva entre eux une discussion sur le mouvement de la lune et des nuages. Ses amis soutenaient que la lune avait un mouvement sensible, et que les nuages étaient immobiles : Gassendi les détrompa, en les menant sous un arbre, et leur faisant observer que la lune paraissait toujours entre les mêmes feuilles ; tandis que les nuages se dérobaient à leurs regards.

(13) Quelqu'un ayant frappé un plat de faïence avec un couteau, *Pascal* remarqua que ce plat rendait un son qui cessait, dès qu'on y posait la main. Toujours avide de s'instruire, il tâcha d'en pénétrer la cause, et après plusieurs expériences, il y parvint. Comment, dans un âge aussi tendre, sans avoir la plus légère notion de physique, peut-il concevoir que le son est une vibration de l'air, que la perception s'en fait dans l'âme par l'organe de l'ouïe, et que, pour le produire, il faut du mouvement dans les corps sonores ; il observa sans doute que, lorsqu'on les frappe, on découvre sur leurs surfaces une sorte d'agitation plus sensible dans ceux qui rendent un bruit clair. Quand la main touche l'objet, elle fait cesser ce tremblement, et par conséquent, le son dont il est la vraie cause.

(14) Ce savant traité, où toute la théorie des lignes courbes que donne la section d'un cône par un plan était démontrée, au moyen d'une seule proposition, de laquelle étaient déduits quatre cents corrollaires, n'a jamais été imprimé. Descartes, retiré en Hollande, ne voulut pas croire que cet ouvrage fût celui d'un jeune homme de seize ans, et prétendit que le père de *Pascal* pouvait seul en être l'auteur.

(15) On a quelquefois tâché de simplifier et de mettre à la portée de tout le monde les calculs les plus compliqués de l'arithmétique. Les Chinois se servent d'un

instrument ou petite lame longue d'un pied et demi, traversée de dix ou douze fils de fer, où sont enfilées de petites boules rondes. En les tirant ensemble, et les plaçant ensuite l'une après l'autre, suivant certaines conventions, ils calculent avec facilité et promptitude.

Les Indiens calculent à-peu-près de même, avec des cordes chargées de nœuds. Sanderson, professeur de mathématiques à l'université de Cambridge, aveugle-né, était parvenu à faire les calculs les plus difficiles, et à résoudre tous les problêmes d'algèbre, par l'arrangement d'une multitude d'épingles sur une table préparée à cet effet. En 1614, le baron Néper, qui le premier fit usage des logarithmes, publia sa *Rabdologie*, au moyen de laquelle on pouvait faire toute espèce d'opérations, en se servant de petites baguettes ou pyramides rectangulaires. Mais le nombre et l'arrangement de ces baguettes entraînant la confusion et une perte de temps considérable, on resta persuadé que le seul moyen d'opérer promptement et sûrement, est de se rompre au calcul, et l'on jugea que cette invention ne pouvait jamais devenir d'une utilité réelle.

Petit, homme distingué par son mérite, chercha sans succès à la rendre d'une pratique plus aisée. *Pascal* s'en occupa aussi : à l'aide de roues et de poids il en facilita les opérations. Mais cette espèce de machine, quelque ingénieuse qu'elle soit, n'approche pas de celle qu'il imagina lui-même, et dont il serait trop long de donner ici la description. On la trouvera détaillée dans l'Encyclopédie, art. *Arithmétique.* L'idée de cette singulière machine a paru si belle, qu'on a cherhé à la rendre plus commode dans la pratique. Leibnitz s'en occupa long-temps. En 1725, il en parut une de M. de l'Epine, d'une composition plus simple que celle de *Pascal.* On en connaît une autre de Boitissendau ; l'Académie la cite avec éloge. Mais toutes ces machines sont embarrassantes, coûteuses, et se dérangent facilement : ces inconvénients font que les mathématiciens leur préfèrent généralement les tables de logarithmes, qui changent les opérations les plus compliquées de l'arithmétique en de simples additions ou soustractions.

(16) Ce qui fit naître la première idée de la pesanteur de l'air montre que, quelquefois, les plus belles découvertes proviennent de bien faibles causes. Les fontainiers de Côme de Medicis, grand duc de Florence, s'étant servi d'une pompe plus longue qu'à l'ordinaire, remarquèrent avec étonnement que l'eau ne s'élevait pas au-dessus de trente-deux pieds. Ils en firent part à Galilée, qui, surpris comme eux et ne voulant pas rester sans réponse, leur dit que la nature n'a d'horreur du vuide que jusqu'à un certain point ; mais il conjectura qu'il existait une autre cause. Epuisé par l'âge et les travaux, il chargea Toricelli, son disciple, d'approfondir la question. Celui-ci fit une expérience qui répandit de nouvelles lumières. Il prit un tuyau de verre de trois pieds de long sur quelques lignes de diamètre, le ferma par un bout, le remplit de mercure, le plongea par le bout ouvert dans un bassin plein du même fluide, en le tenant droit. Le mercure resta suspendu dans le tuyau, à la hauteur d'environ vingt-sept à vingt-huit pouces au-dessus de la surface du mercure qui était dans le bassin. (C'est ce qu'on appelle l'expérience de Toricelli.) L'eau étant environ quatorze fois plus légère que le mercure, la pression de l'air l'élève jusqu'à environ trente-deux pieds.

L'ignorance qui tient fortement à des opinions admises sans examen ou enracinées par l'habitude, et l'envie qui, regardant la gloire des autres comme un vol qu'on lui fait à elle-même, s'attache à tout ce qui est illustre pour le noircir, se déchaînèrent de concert et avec fureur contre Toricelli ; mais les envieux et les ignorants eurent dans *Pascal* un rival bien plus à craindre encore. Il crut non-seulement que le poids de l'air était ce qui empêchait l'élévation du liquide dans le tube ; il pensa de plus que la hauteur de ce liquide devait varier à des hauteurs différentes, et le prouva par plusieurs expériences, dans une maison particulière, au Barel, au haut de la tour de Saint-Jacques-la-Boucherie à Paris, et notamment sur le Puy-de-Dôme en Auvergne.

(17) Cette montagne est élevée d'environ cinq cents toises. L'expérience fut faite par Perrier, son beau-frère, le 19 septembre 1648. A mesure qu'on s'élevait sur le côteau, le mercure baissait dans le tube. Du pied au sommet, la différence du niveau fut de trois pouces une ligne et demie. Ce résultat prouvant que la colonne du mercure baissait à proportion que celle de l'air perdait elle-même de sa hauteur, il ne resta plus de prétexte de rien attribuer à l'horreur du vuide, et on n'eut plus de doute sur la pression de l'atmosphère. Toutes les vérités s'aident mutuellement ; une première découverte mène à une autre plus importante. Sur les expériences de Toricelli et de *Pascal* sont fondés les usages du baromètre, instrument utile qui mesure la pesanteur et les variations de l'air.

On prétend que Descartes voulut ravir à *Pascal* l'honneur de cette grande découverte. Baillet, dans la vie du premier, accuse *Pascal* de plagiat et d'ingratitude ; mais il montre si peu de connaissance de la matière, il commet tant d'anachorisme et d'autres fautes, que son ton de légèreté et de confiance révolte au lieu de convaincre.

(18) Les deux traités de *Pascal* sur la pesanteur de l'air et l'équilibre des liqueurs furent finis et 1653 ; mais ils ne furent imprimés qu'un an après sa mort.

(19) La presse hydraulique est une invention due à *Pascal*. Elle est restée long-temps en pure théorie. M. Bramah, le premier, l'appliqua à divers procédés dans les arts. En 1796, il en fit à Londres plusieurs

essais. Les Anglais l'employèrent d'abord à presser les étoffes auxquelles on donne l'apprêt, puis à presser les balles de coton dans les colonies , pour obtenir moins d'encombrement dans les navires ; enfin , pour approvisionner de foin leur cavalerie en Portugal , dans la guerre que nous y avons soutenue contre eux. M. Perrier, de l'Institut de France, l'exécuta à Paris, il y a environ vingt ans, à son retour d'un voyage en Angleterre. Il l'appliqua au frappage des monnaies, mais son effet était trop lent pour cet objet. Cette machine avait été oubliée jusqu'à ces derniers temps, où les Français l'ont fait aussi servir au pressement des balles de coton.

Consultez les Annales des arts et manufactures, ou Mémoires technologiques sur les découvertes modernes, on y trouvera, tome 6, la description détaillée de cette intéressante machine, et l'on verra que la pression moyenne de l'atmosphère étant d'environ deux livres sur un pouce quarré, l'action de la presse hydraulique est égale à plus de deux cents atmosphères ; et comme une atmosphère fait équilibre à 34 pieds d'eau, il en résulte que l'eau est aussi pressée dans le cylindre, que s'il y avait une colonne d'eau de plus de huit mille pieds, ou d'une demi-lieue.

(20) On ne sait quelque chose de ces ouvrages que par une lettre de Leibnitz, et sur une indication assez vague qu'en donne *Pascal* même.

(21) *Triangle arithmétique.* Tirez deux lignes perpendiculaires entre elles, divisez-les en parties égales ; et, des points de division menez des parallèles, vous aurez deux espèces de rangées , les unes horizontales et les autres verticales. Chacune des rangées contiendra plusieurs quarrés ; chaque quarré sera commun à une rangée horizontale et à une rangée verticale. Ecrivez dans le premier quarré qui est à l'angle droit un nombre qu'on nomme *générateur.* Ce nombre est arbitraire ; mais une fois fixé, les autres sont forcés. Le nombre

d'un quarré quelconque est égal à celui du quarré qui le précède dans une rangée horizontale, plus à celui du quarré qui
le précède dans une rangée verticale. De-là on tire plusieurs
conséquences intéressantes, et une foule de théorèmes
naissent *sans effort*. Le triangle arithmétique, entre autres
belles propriétés, donne les coefficients des différents
termes d'*un binome*, élevé à une puissance entière et
positive. Cette idée fut généralisée depuis par Newton.
En substituant aux expressions radicales la notation des
exposants, imaginée par Wallis, il a trouvé la formule,
pour élever un binome à une puissance quelconque,
entière ou rompue, positive ou négative.

Le traité du triangle arithmétique et les autres qui y
sont relatifs furent trouvés imprimés quoique non
publics, parmi les papiers de *Pascal*, après sa mort.

(22) Pendant un violent mal de dents, il crut devoir
s'appliquer à quelque chose d'utile pour se distraire ; il
trouva la cycloïde, et son mal fut guéri. La *cycloïde*
ou roulette est une courbe transcendante, décrite par le
mouvement d'un point de la circonférence d'un cercle,
tandis que le cercle fait une révolution sur une ligne
droite. Quand une roue de carrosse tourne, un des clous
de la circonférence décrit dans l'air une cycloïde. On
prétend que cette courbe singulière fut découverte, en
1500, par Bovillus. Wallis assure même que le cardinal
Cusa en avait fait mention dès 1451. Elle fut divulguée
ensuite par le P. Mersenne, qui lui donna le nom de
roulette, sans en pénétrer les propriétés ; Roberval trouva
son rapport au cercle générateur, et l'appela *Trochoïde* ;
Descartes détermina sa tangente ; Baugrand la nomma
cycloïde, et Toricelli, le premier, se l'attribua devant
le public. Caché sous le nom de A. Dettouville, *Pascal*
envoya une circulaire aux grands géomètres de son temps,
pour les inviter à donner la solution de ce problème.
Wallis, Wren, le P. Laboubère et plusieurs autres

l'essayèrent vainement. *Pascal* publia lui-même ses découvertes en 1658, dans un écrit intitulé : *Lettre de
A. Dettouville à M. de Carcavi sur la Roulette.* Cet
ouvrage est fort rare, le libraire n'en ayant imprimé
que 120 exemplaires. *Pascal* trouva le centre de gravité
des solides et demi-solides de la ligne et de ses parties,
tant autour de la base qu'autour de l'axe ; celui des
surfaces, demi-surfaces, &c., enfin la dimension de
toutes les lignes courbes des cycloïdes allongées ou ac-
courcies. Sa méthode est fondée sur la sommation de
certaines suites, dont il avait donné les éléments dans
quelques écrits qui accompagnent le traité du triangle
arithmétique. De-là aux calculs différentiel et intégral il
n'y avait qu'un pas ; il était réservé à Newton et à
Leibnitz de le faire.

(23) Galilée, suspendant un corps pesant à un fil,
avait essayé de mesurer le temps par les vibrations ;
c'est-à-dire, par les descentes et les remontées alternatives
de ce corps, allant et venant autour d'un point fixe par
la force de la pesanteur. Le célèbre Huyghens, dans
la suite, fit servir les pendules à la construction des
horloges, et imagina de les faire osciller dans des arcs
de cycloïde.

(24) Le *haquet* est bien certainement de l'invention
de *Pascal.* On lui attribue aussi assez généralement celle
de la *brouette* ou *vinaigrette.* Cependant des personnes
très-recommandables prétendent qu'elle était connue avant
lui. Voyez là-dessus l'excellent discours de M. Bossut
sur la vie et les ouvrages de *Pascal.*

(25) Rien de plus harmonieux, de plus noble que le
style de Platon ; rien de plus grand, de plus sublime
que ses sentiments et ses maximes. On lui reproche
néanmoins trop de luxe dans l'expression et trop de
recherches dans les ornements. Il contribua plus que
personne à perfectionner la dialectique ou l'art de

raisonner avec justesse. Des opinions réunies de trois philosophes célèbres , il se fit un système de doctrine. Il suivait Héraclite dans les choses naturelles et sensibles , Pythagore dans les vérités intellectuelles, Socrate dans la morale et la politique. Il eut plusieurs disciples distingués , à la tête desquels brille Aristote.

(26) Le premier établissement des Jésuites en Amérique commença par une cinquantaine de familles de sauvages errants , qu'ils rassemblèrent sur les bords de la rivière de Japsur , dans le fond des terres. En 1717 , les réductions ou peuplades étaient au nombre de trente et une , répandues dans une étendue de pays d'environ six cents lieues , sur le bord du Parana et le long de l'Uraguay , qui se déchargent tous les deux dans le fleuve Paraguay. On y comptait 121060 Indiens , et toutes les missions réunies pouvaient mettre sur pied dix à douze mille hommes.

(27) Arnaud avait une grande éloquence , mais il n'en réglait pas assez les mouvements ; son style était négligé et dogmatique. Il écrivit une apologie de son opinion ; mais, quoique vrai au fond, cet ouvrage pesant, monotone , et qui manquait du charme de l'expression , était peu propre à mettre le public dans ses intérêts. Arnaud en convint lui-même ; et indiqua *Pascal* comme le seul capable de traiter ce sujet d'une façon solide et piquante.

(28) C'est de Port-Royal que sont sorties les excellentes méthodes des langues Grecque, Latine et Italienne , si recherchées et si souvent réimprimées. En 1709 , Port-Royal fut détruit jusqu'aux fondements, les corps exhumés et la charrue passée sur l'emplacement. Mais malgré l'envie et la calomnie , les Arnaud , les Pascal , les Nicole , les Lemaître , les Sacy , les Hamon , les Fontaine , les Lancelot , les Hermant , les Racine et une foule d'autres hommes célèbres , s'élèvent triomphants sur les ruines de cet asyle des sciences et des vertus.

Pascal ne prit pas à Port-Royal un établissement fixe, mais il y allait de temps en temps. Là, il trouvait de l'eloquence, du savoir, de la raison et une dévotion éclairée. Il y avait à Port-Royal un puits, dont il avait dirigé la construction et qui portait son nom. Il n'en reste aucun vestige, c'est le seul de ses ouvrages que ses ennemis aient pu détruire.

(29) « Le premier livre de génie qu'on vit en prose,
» fut le receuil des *Lettres Provinciales*. Toutes sortes
» d'éloquence y sont renfermées. Il n'y a pas un seul
» mot qui depuis cent ans se soit ressenti du change-
» ment qui altère si souvent les langues vivantes. Il faut
» rapporter à cet ouvrage la fixation du langage. »

(Voltaire, siècle de Louis XIV.)

Fénélon, dans son ordonnance publiée en 1704, contre le cas de conscience, reconnaît dans Louis de Montalte *un génie sublime qui a des graces inimitables.*

(30) *Pascal* donna son ouvrage en 1656, sous le titre de *Provinciales*, ou lettres écrites par Louis de Montalte à un Provincial de ses amis et aux RR. PP. Jésuites, sur la morale et la politique de ces Pères. Son intention était de s'arrêter à la dixième lettre ; et malgré le succès des premières, il délibéra long-temps s'il continuerait. Enfin il se décida à porter les derniers coups, et il écrivit les huit autres, qui furent reçues du public avec le même empressement.

Il passe pour certain que *Pascal* est encore auteur, ou du moins en partie, des différents *factum* des Curés de Paris, contre l'apologie des Casuistes, de l'*ordonnance* des Grands-Vicaires de Paris, pour la signature du *formulaire*, et de la déclaration des Curés de Paris, sur le mandement des Grands-Vicaires. Voyez sur ces faits l'histoire de la vie et des ouvrages de Nicole.

(31) Il écrivait ses pensées sur les premiers morceaux de papier qu'il trouvait, ou les dictait à un domestique

intelligent qui ne le quittait presque jamais. Après sa mort, on recueillit ces fragments, parmi lesquels MM. de Port-Royal choisirent ce qu'ils trouvèrent de plus convenable, pour en former un petit volume qui parut en 1670.

(32) « Il n'y a, dit *Pascal,* qu'un point indivisible qui » soit le véritable lieu de voir les tableaux. » On peut en faire l'application à quelques-unes de ses pensées, qu'il faut regarder sous leur véritable aspect, pour n'être pas effrayé de leur hardiesse. Si le frein salutaire de la religion, si la soumission entière qu'elle exige n'eût pas réprimé l'essor de ce génie audacieux, jusqu'où peut-être ne se serait-il pas emporté ?

« *Pascal* avait sur les yeux le bandeau de la foi, » mais il voyait à travers son bandeau, a dit un homme » d'esprit. »

(33) « La vanité est si ancrée dans le cœur de » l'homme, qu'un goujat, qu'un marmiton, qu'un » crocheteur se vante, et veut avoir ses admirateurs : » et les philosophes mêmes en veulent. Ceux qui écrivent » contre la gloire, veulent avoir la gloire d'avoir bien » écrit ; et ceux qui le lisent, veulent avoir la gloire » de l'avoir lu : *et moi qui écris ceci, j'ai peut-être* » *cette envie,* et peut-être ceux qui le liront, l'auront « aussi ». (Pens. de *Pascal.*)

(34) Si Young n'eût été qu'un habile docteur, il serait déjà oublié dans sa patrie même. Mais comme grand poëte, comme écrivain original, il se place à côté des plus célèbres auteurs de l'Angleterre. Privé tout-à-coup de ce qu'il avait de plus cher, dégoûté de la vie, il descendit vivant dans la tombe de sa femme et de ses enfants, y trouva quelques consolations et une gloire immortelle. jamais écrivain ne s'abandonna plus à son imagination dont il dédaignait de réprimer les écarts ; mais aussi personne ne peignit avec plus de force que lui. Il a des beautés et des défauts qui lui sont propres, et comme

le dit si bien son éloquent traducteur : « S'il est aisé de » bâtir avec plus de régularité qu'Young, il ne l'est » pas d'atteindre à la même hauteur. » Le plus beau de ses ouvrages est son poëme des Nuits, chef-d'œuvre unique en son genre, où brillent à la fois les beautés les plus éclatantes de la poésie et les grandes vérités de la religion et de la morale. C'est la plus sublime et la plus touchante élégie qu'on ait jamais faite sur les misères humaines.

(35) Racine fils, dans son poëme de la Religion, paraît avoir suivi le plan que *Pascal* s'était tracé.

(36) Si l'on reproche avec raison à ce pyrrhonien célèbre des sentiments trop libres et des principes qui peuvent entraîner à des conséquences dangereuses, on ne peut lui refuser beaucoup d'esprit, de sens, de pénétration, avec une grande connaissance des hommes et du monde. Ses essais, dont les contradictions ne sont en effet que la peinture trop fidèle de celles de l'esprit humain, sont écrits d'un style naïf et agréable, qui fait regretter mille expressions heureuses qui manquent aujourd'hui à notre langue.

(37) Dans son article de l'Art de persuader, *Pascal*, recherchant la cause de tous les défauts des raisonnements, donne des moyens certains pour les éviter. Sachant que les hommes se gouvernent plus par caprice que par raison, il prétend que l'art de convaincre n'est autre chose que celui d'agréer. Il pose ensuite plusieurs règles qui, bien observées, rendent les preuves presque géométriques. Il renferme enfin ces règles dans ces deux principes : définir clairement tous les noms qu'on impose ; prouver tout, en substituant mentalement les définitions à la place des définis.

(38) *Pascal* craignait tant la vanité, qu'il mettait sur sa chair nue un cilice armé de pointes de fer ; et quand il se surprenait un mouvement d'orgueil, il se donnait

des coups de coude, pour redoubler la violence des piqûres, afin de se rappeler à l'humilité chrétienne.

(39) *Pascal* était né avec un grand fonds de gaîté, que ses souffrances continuelles n'avaient pu détruire entièrement.

(40) Ce n'était pas assez, selon *Pascal*, qu'une chose fût belle, il fallait qu'elle fût propre au sujet, qu'il n'y eût rien de trop, ni qu'il n'y manquât rien. On doit se renfermer le plus possible dans la simple nature, ne pas faire grand ce qui est petit, et petit ce qui est grand. Le style naturel, dit-il encore, nous enchante; car on s'attendait de trouver un auteur, et l'on trouve un homme.

(41) Fontenelle naquit à Rouen en 1657. Son esprit s'étendit à tout; il cultiva également la géométrie, la physique et les arts d'agrément. Il fut secrétaire de l'Académie pendant 42 ans : sa préface de l'histoire de cette compagnie est un chef-d'œuvre, ses éloges des académiciens sont d'excellents modèles dans ce genre d'écrire. Il réussit aussi dans la poësie. Sa Pluralité des Mondes est un ouvrage unique, dont Algarotti, son imitateur, dans le Newtonianisme pour les dames, a fait un éloge ingénieux, en disant que Fontenelle avait donné aux Graces et à Vénus le soin de faire tourner les cieux. On reproche à Fontenelle d'avoir quelquefois mêlé, à l'agrément, trop d'affectation et de recherche.

(42) Buffon, né à Montbar, en Bourgogne, en 1707, est l'un des plus célèbres naturalistes et des plus grands écrivains du 18me siècle. Dans son enfance, il portait toujours sur lui un exemplaire des éléments d'Euclide. Il a traduit deux ouvrages fameux et de genre bien différent : les fluxions de Newton et la statique des végétaux de Halès. Dans son Histoire naturelle, il a su réunir aux vues profondes d'Aristote, à l'éloquence de Pline, l'exactitude des observations modernes. C'est le

propre du génie d'embellir les matières les plus arides.
Buffon écrit avec une pompe d'expression dont son sujet
ne paraissait guère susceptible. Si cette parure semble
étrangère aux ouvrages d'instruction, on pardonnera ce
défaut, en faveur des agréments. Quoiqu'on ait beaucoup
attaqué ce chef-d'œuvre, et que les reproches de ses
critiques ne soient pas sans quelque fondement, il n'en
est pas moins un des plus beaux monuments de science
et de littérature, dont puisse se glorifier la France.

(43) Cet auteur estimable, dont on a voulu rabaisser
la gloire, fut un des plus grands géomètres de son siècle.
Il a composé beaucoup d'ouvrages utiles. Ses éloges sont
estimés, et son discours préliminaire de l'Encyclopédie
le place à côté des premiers écrivains de la nation. Son
mérite et ses rapports avec les personnes les plus distinguées par leur rang et leur savoir lui ont fait jouer
un rôle important. Tant d'avantages réveillèrent l'envie,
et il eut des ennemis acharnés ; mais on ne put au moins
lui refuser toutes les qualités qui font l'homme de bien.
Il était recommandable par sa probité, son désintéressement,
sa bienfaisance, et l'on ne saurait trop louer sa tendre
reconnaissance pour sa mère adoptive : car on sait que
cet homme célèbre dut le jour à une faute, qu'il fut
rejeté par sa véritable mère, et recueilli par une honnête
vitrière qui l'éleva comme son fils.

(44) Bailly naquit à Paris, en 1736. A 27 ans, il
présenta à l'Académie ses observations sur la lune ; et,
l'année suivante, il publia un travail sur les étoiles
zodiacales ; deux ans après, son essai sur les satellites
de Jupiter, avec des tables de leurs mouvements. En
1771, parut de lui un mémoire rempli de vues profondes
sur la lumière de ces satellites. Il donna ensuite son
Histoire de l'Astronomie, ouvrage plein d'érudition et
écrit avec une élégance peu commune. Il s'est aussi
occupé de l'origine des sciences et de l'Atlantide de

Platon. Bailly se délassait de l'astronomie par la littérature. Sa fin tragique est connue de tout le monde.

(45) Il n'est aucun genre de sciences et de littérature auquel ne se soit livré Leibnitz, né à Leipsick, en 1646. Ce savant, le plus universel de l'Europe, a laissé un nombre infini d'ouvrages qui le placent parmi les plus grands hommes de son siècle. Une lecture continuelle le fit, jusqu'à un certain degré, devenir tout ce qu'il avait lu. Il était un mathématicien du premier ordre ; et de la théorie descendant à la pratique, il avait songé à rendre les carrosses plus commodes, avait proposé un moulin à vent pour puiser l'eau des mines les plus profondes, avait même inventé une *machine arithmétique* différente de celle de *Pascal.* Il avait en métaphysique des opinions particulières qui toutes n'ont pas fait fortune, entre autres celle des *monades.* Ses essais de Théodicée sur la bonté de Dieu, sur la liberté de l'homme, peuvent passer pour un ouvrage de théologie, quoiqu'on y trouve encore plus de philosophie et de métaphysique. Il avait conçu le projet d'une langue universelle et philosophique. Enfin il étendit son étonnante activité sur tout. Son éloge par Fontenelle est un des plus beaux qui soient sortis de la plume de cet ingénieux écrivain. On attribue la mort de Leibnitz au chagrin que lui causa le jugement de la société royale de Londres, qui donna au grand Newton l'honneur de la découverte du calcul différentiel.

(46) On n'a que des notions incertaines sur ce prince des poëtes, on ne sait où il est né. Suidas fait monter à quatre-vingt-dix, le nombre des villes qui se disputent l'honneur de lui avoir donné naissance. Smyrne et l'isle de Chio sont celles qui ont le plus de titres en leur faveur. On conjecture qu'il naquit 300 ans après la guerre de Troie, environ 1000 ans avant J.-C.

(47) Colomb, calomnié par l'envie, fut jeté dans les fers par Bovadilla, et embarqué pour l'Espagne. Il se

justifia auprès du roi, mais il ne fut point rétabli à sa place, et mourut à Valladolid, en 1506, âgé de 59 ans, après avoir passé la fin d'une vie plus brillante qu'heureuse à solliciter inutilement justice.

(48) Le P. Schiener dénonça Galilée à l'inquisition, comme soutenant le mouvement de la terre. Ce grand homme fut obligé de demander pardon et d'abjurer ce qu'on appelait une erreur. A la fin de la cérémonie, il dit, en frappant du pied (*e pur si move*). Il voulut revenir de sa retractation, mais il fut arrêté de nouveau et condamné à ne pas s'écarter de plus de trois lieues de Florence. Dans le cours de cette persécution, il mourut âgé de soixante-dix-huit ans, en 1642.

(49) Environ huit ans avant sa mort, *Pascal* se promenant au pont de Neuilly, dans un carrosse à quatre chevaux, les deux premiers prirent le mors aux dents, près d'un endroit où il ne se trouvait point de garde-fou, et se précipitèrent dans la Seine. Fort heureusement les traits qui les attachaient au train de derrière se rompirent et le carrosse resta suspendu sur le bord du précipice. Depuis ce moment *Pascal*, vivement frappé, croyait voir ouvert à ses côtés ce même abîme qui avait pensé l'engloutir. On attribue au même accident une espèce de vision qu'il eut quelque temps après, et dont il conserva la mémoire dans un papier qu'il porta toujours depuis entre l'étoffe et la doublure de son habit.

(50) *Pascal* mourut le 19 août 1662, âgé de trente-neuf ans et deux mois. On ouvrit son corps, on trouva l'estomac et le foie flétris, les intestins gangrenés : ce qui surprit beaucoup, ce fut son crâne qui contenait une quantité énorme de cervelle d'une substance très-solide et fort condensée.

www.ingramcontent.com/pod-product-compliance
Ingram Content Group UK Ltd.
Pitfield, Milton Keynes, MK11 3LW, UK
UKHW020949120726
13693UKWH00004B/1635